Eckhart Tolle

SCHÖNHEIT ERBLÜHT
IM JETZT

Aus dem Englischen von Erika Ifang

DIESER EINE
AUGENBLICK

Bei oberflächlicher Betrachtung scheint es, als sei der gegenwärtige Augenblick nur einer von vielen, vielen Augenblicken. Jeder Tag des Lebens scheint aus Tausenden von Augenblicken zu bestehen, in denen Verschiedenes geschieht. Doch ist nicht, wenn du tiefer blickst, immer nur ein einziger Augenblick da? Ist das Leben nicht immer nur »dieser eine Augenblick«?

Dieser eine Augenblick – das Jetzt – ist das Einzige, dem du nicht entrinnen kannst, die einzige Konstante im Leben. Was auch geschehen mag, wie sehr sich das Leben auch verändert, eins ist gewiss: Es ist immer jetzt. Da es keine Möglichkeit gibt, dem Jetzt zu entrinnen, warum heißt du es dann nicht willkommen und freundest dich mit ihm an?

Spüre die **LEBENDIGKEIT** in deinem Körper.
Das verankert dich im Jetzt.

2

DAS WAHRE SELBST ERFAHREN

Wenn wir die Welt nicht mit Worten und Etiketten zupflastern, erwacht in unserem Leben wieder ein Sinn für das Wunderbare, der vor langer Zeit verloren ging, als die Menschheit vom Denken besessen wurde, statt sich seiner zu bedienen. Das Leben bekommt wieder Tiefe. Die Dinge erhalten eine neue Frische. Und das größte Wunder ist die Erfahrung des eigenen wahren Selbst vor allen Worten, Gedanken, mentalen Etikettierungen und Bildern. Damit dies geschehen kann, müssen wir unser Ichgefühl, unser Gefühl, da zu sein, von allen Dingen losmachen, in die es sich verstrickt hat, anders ausgedrückt: mit denen es sich identifiziert hat.

Alles, ob Vogel, Baum oder auch nur
ein einfacher Stein und natürlich der Mensch,
ist letztlich UNBEGREIFLICH.

3

UNVERGÄNGLICHKEIT

Wenn du durch einen Wald gehst, der noch nicht durch Menschenhand berührt und gezähmt worden ist, nimmst du eine Fülle von Leben um dich her wahr, aber auch auf Schritt und Tritt umgestürzte Bäume, welkes Laub und anderes, was gerade verrottet. Leben und Tod, wohin du schaust.

Bei näherer Betrachtung entdeckst du jedoch, dass der morsche Baumstamm und die modernden Blätter nicht nur neues Leben hervorbringen, sondern dass sie selbst voller Leben sind. Mikroorganismen sind am Werk. Moleküle ordnen sich wieder neu. Es ist also nirgendwo Tod zu finden, nur die Metamorphose von Lebensformen. Was kannst du daraus lernen?

Tod ist nicht das Gegenteil von Leben. Leben hat kein Gegenteil. Das Gegenteil von Tod ist Geburt. Leben ist unvergänglich.

Wenn der Tod verleugnet wird,

verliert das Leben seine TIEFE.

FÜLLE

Die Quelle allen Überflusses liegt nicht außerhalb von dir. Sie ist ein Teil dessen, wer du bist. Aber beginne einfach einmal damit, die Fülle außen zu sehen und dankbar anzuerkennen. Sieh die Fülle allen Lebens rings um dich herum: die Wärme der Sonne auf deiner Haut, die Blütenpracht vor einem Blumenladen, die saftige Frucht, in die du beißt, oder auch die Regenfluten, die vom Himmel fallen und dich durchnässen. Die Fülle des Lebens ist auf Schritt und Tritt da. Die Würdigung der Fülle ringsum weckt die in dir selbst schlummernde Fülle. Lass sie nun nach außen fließen. Schon wenn du einem Fremden ein Lächeln schenkst, strömt ein wenig Energie nach außen.

Wenn du immer
ein Gefühl der FÜLLE hast,
wird dir mit ziemlicher
Sicherheit vieles zufließen.

5

DAS LATENT VORHANDENE
UNGLÜCKLICHSEIN

Das Ego schafft Trennung, und Trennung verursacht Leiden; es ist also eindeutig pathologisch. Neben so offensichtlichen Formen wie Wut und Hass usw. gibt es noch erheblich raffiniertere Formen der Negativität, die so verbreitet sind, dass sie meist gar nicht als solche erkannt werden, zum Beispiel Ungeduld, Gereiztheit, Nervosität, »es satt sein« usw. Sie bilden das latent vorhandene Gefühl des Unglücklichseins, das im Innern vieler Menschen vorherrscht. Du musst extrem wachsam und absolut präsent sein, um sie aufzuspüren. Wenn dir das gelingt, ist es ein Augenblick des Erwachens, ein Moment, in dem du dich nicht mehr mit dem Denken identifizierst.

Immer wenn dich NEGATIVITÄT überkommt,
will etwas in dir diese Negativität,
weil es sie als angenehm empfindet oder glaubt,
so könntest du erreichen, was du willst.

WAHRNEHMEN,

OHNE ZU BENENNEN

Nimm einmal einen Gegenstand zur Hand – zum Beispiel einen Stift, einen Stuhl, eine Tasse, eine Pflanze – und erkunde ihn mit deinen Augen, das heißt, schau ihn dir voller Interesse, ja mit einer gewissen Neugier an. Wähle möglichst kein Objekt mit einem starken persönlichen Bezug, der dich an die Vergangenheit erinnert. Vermeide auch Dinge, die beschriftet sind, wie Bücher oder Flaschen. Sie würden zum Denken anregen. Sei entspannt, aber wachsam, ohne dich anzustrengen, und richte deine gesammelte Aufmerksamkeit auf den Gegenstand, auf jedes Detail. Falls Gedanken in dir aufsteigen, lass dich nicht auf sie ein. Du bist nicht an den Gedanken interessiert, sondern an der reinen Wahrnehmung. Kannst du etwas wahrnehmen, ohne zu denken? Kannst du etwas sehen, ohne dass die Stimme in deinem Kopf es kommentiert, Schlüsse zieht, vergleicht oder etwas zu erklären versucht?

Du kannst erst spirituell erwachen,
wenn das zwanghafte, unbewusste Benennen abklingt und
du dir seiner zumindest BEWUSST wirst.

DER KEIM DER GNADE

Selbst eine äußerst schmerzliche, scheinbar unannehmbare Situation hat im tiefsten Grunde ihr Gutes, und in jeder Katastrophe schlummert schon der Keim der Gnade.

Im Laufe der Geschichte hat es immer Frauen und Männer gegeben, die im Angesicht eines großen Verlusts, einer Krankheit, eines Gefängnisaufenthalts oder ihres nahe bevorstehenden Todes das scheinbar Unannehmbare annahmen und so den Frieden fanden, »welcher höher ist als alle Vernunft«.

Das UNANNEHMBARE anzunehmen
ist die tiefste Gnadenquelle auf dieser Welt.

SICH MIT DINGEN

IDENTIFIZIEREN

Wenn du das Leben, das du bist, nicht länger spüren kannst, wirst du wahrscheinlich versuchen, dein Leben mit Dingen anzufüllen. In diesem Fall empfehle ich dir als spirituelle Übung, durch Selbstbeobachtung einmal deine Beziehung zu den Dingen zu untersuchen, insbesondere zu Dingen, die du mit dem Wort »mein« belegst. Du musst wachsam und ehrlich sein, um beispielsweise herauszufinden, ob dein Selbst-wertgefühl an Dinge gebunden ist, die du besitzt. Geben dir manche Dinge ein feines Gefühl von Bedeutung oder Überlegen-heit? Fühlst du dich gegenüber anderen, die mehr von gewissen Dingen haben, unterlegen? Er-wähnst du oder brüstest du dich gelegentlich mit Dingen, die du besitzt, um dadurch deinen Wert in den Augen anderer zu steigern und deinen Selbstwert entsprechend zu heben?

Das Wesen der Dinge offenbart sich uns im STILLEN und spiegelt uns unser eigenes Wesen.

DEN INNEREN
WIDERSTAND AUFGEBEN

9

Jeder störende Lärm kann ebenso hilfreich sein wie äußere Stille. Inwiefern? Wenn du den inneren Widerstand gegen den Lärm aufgibst, sodass er sein darf, wie er ist, führt dich dieses Annehmen auch in den Bereich des inneren Friedens, der inneren Stille.

Wann immer du diesen Augenblick so, wie er ist – welche Form er auch haben mag –, aus tiefstem Herzen annimmst, bist du still, bist du im Frieden.

Nicht widerstreben, nicht urteilen und nicht anhaften

sind die drei Aspekte wahrer FREIHEIT

und eines erleuchteten Lebens.

STILLE

Uns der Stille bewusst zu werden, sobald wir ihr im Leben begegnen, verbindet uns mit der formlosen und zeitlosen Dimension in uns, die jenseits des Denkens liegt, jenseits des Ego. Das kann die Stille sein, die in der Natur herrscht, die Stille in deinem Zimmer in der Morgenfrühe oder die Stille zwischen den Geräuschen. Stille hat keine Form, darum können wir sie nicht durch Denken wahrnehmen. Denken ist Form. Sich der Stille bewusst zu werden bedeutet, still zu sein.

Stillsein ist Gewahrsein ohne Denken. Du bist nie tiefer und essenzieller du selbst als dann, wenn du still bist.

Wenn du eine WACHE INNERE STILLE
im Hintergrund spüren kannst,
während im Vordergrund Dinge geschehen –
das ist es!

ALLES IST MITEINANDER
VERBUNDEN

Unter der Oberfläche ist alles nicht nur miteinander, sondern auch mit dem Ursprung allen Lebens verbunden, aus dem es hervorgegangen ist. Selbst Steine, und viel mehr noch eine Blume oder ein Vogel, können uns den Weg zurück zu Gott, zur Quelle, zu uns selbst zeigen.

Wenn wir sie in der Hand halten, sie anschauen und sie einfach *sein lassen*, ohne sie mit einem Wort oder einem mentalen Etikett zu bedenken, überkommt uns ein Gefühl ehrfürchtigen Staunens.

Dichter und Weise aller Zeiten haben die Beobachtung gemacht, dass **WAHRES GLÜCK** vor allem in einfachen, unscheinbaren Dingen zu finden ist.

SICH MIT KÖRPERBEWUSSTSEIN IM GEGENWÄRTIGEN AUGENBLICK VERANKERN

Schließ bitte für einen Augenblick die Augen und finde heraus, ob im Innern deiner Hände Leben ist. Frag dich das nicht in Gedanken; dann sagt dein Verstand nur: »Ich kann nichts spüren.« Oder er sagt: »Gib mir etwas Interessanteres zum Denken.« Statt dich also im Geiste zu fragen, gehst du direkt in die Hände. Damit meine ich, dass du dir das feine Gefühl von Lebendigkeit in ihnen vergegenwärtigst. Es ist da. Du musst dich nur darauf konzentrieren, um es zu bemerken. Zuerst spürst du vielleicht nur ein leichtes Kribbeln und dann so etwas wie Energie oder Lebendigkeit. Geh nun zu deinen Füßen über und verweile mit deiner Aufmerksamkeit etwa eine Minute dort, um dann Hände und Füße gleichzeitig zu spüren. Nimm allmählich weitere Körperteile in dieses Fühlen auf, bis du den inneren Körper als umfassendes Gefühl der Lebendigkeit wahrnimmst.

Wir müssen in den Körper hineingehen,
um über ihn hinauszugelangen und herauszufinden,
dass wir nicht der KÖRPER sind.

13 BEFREIUNG VOM SCHMERZKÖRPER

Wenn du dich nicht mehr mit ihm identifizierst, kann der Schmerzkörper dein Denken nicht länger kontrollieren und sich erneuern, indem er von deinen Gedanken zehrt. Meistens löst sich der Schmerzkörper nicht sofort auf, aber sobald du die Verbindung zwischen ihm und deinem Denken durchtrennt hast, beginnt er Energie zu verlieren. Dein Denken wird dann nicht mehr vom Empfinden getrübt, und deine gegenwärtigen Wahrnehmungen werden nicht mehr von der Vergangenheit verzerrt. Dann ändert die Energie, die im Schmerzkörper eingeschlossen war, ihre Schwingungsfrequenz und wird in Präsenz umgewandelt. Auf diese Weise wird der Schmerzkörper zur Bewusstseinsnahrung. Darum hatten viele der weisesten, erleuchtetsten Männer und Frauen auf unserer Erde einmal einen sehr starken Schmerzkörper.

Es ist deine bewusste GEGENWÄRTIGKEIT, die die Identifikation mit dem Schmerzkörper aufbricht.

14

DIE HERABSETZUNG
DES EGO ZULASSEN

Eine besonders kraftvolle spirituelle Übung besteht darin, die Herabsetzung des Ego zuzulassen, wenn sie geschieht, ohne etwas dagegen zu unternehmen. Ich empfehle dir, von Zeit zu Zeit damit zu experimentieren. Wenn dich zum Beispiel jemand kritisiert, tadelt oder beschimpft, tust du einfach gar nichts, statt sofort all deine Abwehrmechanismen zu mobilisieren und auf Rache zu sinnen. Lass es zu, dass dein Selbstbild schrumpft, und achte darauf, wie sich das in deinem tiefsten Innern anfühlt. Ein paar Sekunden lang wird es dir unangenehm sein, so, als wärst du kleiner geworden. Dann aber spürst du eine innere Weite, die du lebhaft empfindest. Du bist überhaupt nicht kleiner geworden. In Wahrheit hast du dich ausgedehnt!

Wenn du herabgesetzt wirst und
absolut nicht darauf reagierst, geht dir auf,
dass nichts WIRKLICHES
davon berührt wurde.

EIN KLARES »NEIN«

Manchmal erfordert es eine Situation, dass man jemanden deutlich zurückweist. Wird dabei nicht das Ego verteidigt, zeigen die Worte Wirkung, ohne bloß Gegenreaktion zu sein.

Falls nötig, kannst du jemandem auch mit aller Bestimmtheit ein klares »Nein« sagen, und das wird ein »Nein von hoher Qualität« sein, wie ich es nenne, ein von aller Negativität freies Nein.

Erfolgreich bist du, wenn dein Tun

von der ZEITLOSEN QUALITÄT des Seins

durchdrungen ist.

SICH SELBST VERLIEREN, UM SICH ZU FINDEN

Hier einige Beispiele, wie Menschen sich unbewusst in ihrem formalen Selbst zu bestärken versuchen. Wenn du sehr wachsam bist, kannst du vielleicht einige dieser unbewussten Verhaltensmuster in dir selbst aufspüren: dass du Anerkennung verlangst für etwas, das du getan hast; dass du versuchst, Aufmerksamkeit zu erregen, indem du ständig über deine Probleme sprichst; dass du ungefragt deine Meinung äußerst, ohne damit etwas an der Situation zu verändern; dass du in erster Linie darum besorgt bist, wie andere Personen dich sehen; dass du Eindruck auf andere machen willst; dass du durch eine wütende Reaktion auf etwas oder jemanden dein Ego kurzfristig aufblähst; dass du Dinge persönlich nimmst und beleidigt bist; dass du Recht haben und andere ins Unrecht setzen willst, indem du dich im Stillen oder laut beklagst. Finde heraus, wie es sich anfühlt und was geschieht, wenn du dieses Muster fallen lässt.

Entdecke die GEWALTIGE KRAFT,
die durch dich in die Welt strömt,
wenn du dein formales Selbst nicht mehr betonst.

DAS GEFLECHT DES GANZEN

Die Atome, aus denen der Körper besteht, bildeten einst das Innere von Sternen, und auch für die geringfügigsten Ereignisse gibt es praktisch unendlich viele Ursachen, die auf unbegreifliche Weise mit dem Ganzen verknüpft sind.

Wenn man ein Ereignis bis zu seinen Ursachen zurückverfolgen wollte, müsste man bis zum Anbeginn der Schöpfung zurückgehen. Der Kosmos ist kein Chaos. Das Wort »Kosmos« selbst bedeutet Ordnung!

Aber es ist keine Ordnung, die der Menschengeist je verstehen könnte, obwohl er manchmal einen flüchtigen Blick hinein tun darf.

ZUFÄLLE gibt es ebenso wenig
wie Dinge oder Ereignisse,
die nur durch sich selbst
und für sich allein existieren.

AUFMERKSAMKEIT FÜR
DEIN KIND

Wie bringst du Sein in die Beziehung zu deinem Kind? Der Schlüssel dazu ist die Aufmerksamkeit, die du deinem Kind widmest. Es gibt zwei Arten von Aufmerksamkeit. Die eine könnte man formorientierte Aufmerksamkeit nennen. Die andere ist die formlose Aufmerksamkeit. Die formorientierte Aufmerksamkeit steht immer mit Tun und Bewerten in Verbindung. »Hast du deine Schularbeiten gemacht? Räum dein Zimmer auf.« Formorientierte Aufmerksamkeit ist natürlich notwendig, aber wenn sie alles ist, wovon die Beziehung zum Kind erfüllt ist, dann fehlt die wichtigste Dimension, wird das Sein vollständig vom Tun überlagert. Formlose Aufmerksamkeit ist untrennbar von der Dimension des Seins. Und wie funktioniert sie? Während du dein Kind anschaust, ihm zuhörst, es streichelst oder ihm bei diesem und jenem hilfst, bist du wach, still und vollkommen präsent und wünschst dir nichts anderes als den Augenblick, so wie er ist. Auf diese Weise schaffst du Raum für das Sein.

Die gesamte Zivilisation ist dabei,
sich im Tun zu verlieren,
das nicht im SEIN wurzelt und
infolgedessen vergeblich ist.

ANDERE UND IHR EGO

Ab und zu musst du vielleicht praktische Schritte unternehmen, um dich vor zutiefst unbewussten Leuten zu schützen. Das kannst du aber tun, ohne sie dir zu Feinden zu machen. Dein größter Schutz ist allerdings die Bewusstheit. Jemand wird dein Feind, wenn du das Unbewusste, also das Ego, personalisierst.

Nicht zu reagieren ist keine Schwäche, sondern Stärke. Ein anderes Wort für Nichtreagieren ist Vergebung. Vergeben heißt, über etwas hinwegzusehen oder vielmehr durch es hindurchzuschauen. Du schaust durch das Ego hindurch auf die geistige Gesundheit, die das Wesen eines jeden Menschen bildet.

Nicht auf das Ego anderer zu reagieren
ist eines der besten Mittel,
um zum einen über das Ego in dir selbst hinauszugehen
und zum anderen das kollektive menschliche Ego

AUFZULÖSEN.

DER INNERE RAUM

Entdecke den inneren Raum, indem du Lücken im Strom des Denkens erzeugst. Ohne diese Unterbrechungen wiederholen sich die Gedanken ständig und sind ohne jede Inspiration und Kreativität, wie es bei den meisten Menschen auf dieser Erde der Fall ist. Du brauchst dir keine Gedanken um die Länge dieser Pausen zu machen. Ein paar Sekunden genügen. Allmählich werden sie von selber länger, ohne dass du dich anstrengen musst.

Wichtiger als ihre Länge ist es, dass sie möglichst oft eintreten, sodass in deinen Alltagsaktivitäten und im Strom deiner Gedanken viel Zwischenraum entsteht.

Durch DICH wird sich das Universum
seiner selbst bewusst.

DAS EGO NEIGT DAZU, HABEN UND SEIN ZU VERWECHSELN

Wie aber kannst du dich von den Dingen lösen? Versuch es gar nicht erst. Es ist unmöglich. Du kommst ganz von selbst davon los, wenn du nicht länger dich selbst in ihnen finden willst. Achte bis dahin einfach auf deine Verhaftungen. Manchmal wirst du gar nicht merken, dass du an etwas festhältst, das heißt, dich damit identifizierst, bis du es verlierst oder der Verlust droht. Wenn du dann beunruhigt, verstört usw. bist, kannst du davon ausgehen, dass du daran haftest. Sobald dir bewusst wird, dass du dich mit etwas identifizierst, besteht keine totale Identifikation mehr. »Ich bin das Bewusstsein, das sich bewusst ist, dass eine Anhaftung besteht.« Das ist der Beginn einer Transformation des Bewusstseins.

Viele Menschen merken erst auf dem Sterbebett,
dass nichts Materielles je etwas mit dem zu tun hatte,
was sie im INNERSTEN sind.

SCHMERZEN –

DER STRENGSTE LEHRER

Chronische physische Schmerzen sind der strengste Lehrer, den du haben kannst. »Widerstand ist vergebens« heißt die Lektion. Nichts ist normaler, als nicht leiden zu wollen. Doch wenn du deinen Widerstand dagegen aufgeben und stattdessen den Schmerz zulassen kannst, wirst du vielleicht eine fast un- merkliche innere Ablösung vom Schmerz bemerken, einen Raum zwischen dir und dem eigentlichen Schmerz. Das heißt, du leidest bewusst und bereitwillig. Wenn du bewusst leidest, kann der physische Schmerz das Ego in dir schnell verzehren, denn das Ego besteht weitgehend aus Widerstand.

In jedem Zustand, jeder Person und jeder Situation,
die »schlecht« oder »übel« zu sein scheinen,
schlummert in der Tiefe etwas GUTES.

ÄUSSERE STILLE, INNERE STILLE

Das Gegenstück zum äußeren Lärm ist der innere Lärm des Denkens. Das Gegenstück zur äußeren Stille ist innere Stille jenseits der Gedanken.
Wann immer um dich herum Stille herrscht, solltest du darauf lauschen. Ihr Aufmerksamkeit schenken. Auf die äußere Stille zu lauschen eröffnet dir die Dimension der Stille in dir selbst, denn nur durch die innere Stille kannst du der äußeren Stille gewahr werden.

Erkenne, dass du in dem Augenblick, in dem du die Stille um dich herum wahrnimmst, nicht denkst. Du bist dir der Stille bewusst, aber du denkst nicht.

Lass zu, dass die Natur
dich die STILLE lehrt.

DAS GESETZ VOM
GEBEN UND NEHMEN

Probier es einmal ein paar Wochen lang hiermit und beobachte, wie es deine Wirklichkeit verändert: Gib anderen das, was sie deiner Überzeugung nach dir vorenthalten – Lob, Anerkennung, Beistand, liebevolle Zuwendung usw. Das kannst du nicht geben? Tu einfach so, als könntest du es, und es wird dir zufließen. Bald nachdem du zu geben begonnen hast, wirst du empfangen. Du kannst nicht empfangen, was du nicht gibst. Was hinausgeht, bestimmt, was hereinkommt. Was immer die Welt dir deiner Auffassung nach vorenthält, das hast du bereits, aber wenn du nichts davon hinausgibst, weißt du nicht einmal, dass du es hast. Dazu gehört auch die Fülle.

Was immer die Welt dir deines Erachtens vorenthält,
enthältst du der WELT vor.

DER SCHMERZKÖRPER – DIE LAST DER VERGANGENHEIT

Wir können jedoch damit aufhören, dem Schmerzkörper, den wir schon haben, noch mehr Ballast hinzuzufügen. Wir können lernen, mit der Gewohnheit des Ansammelns und Wiederauflebenlassens alter Emotionen zu brechen, indem wir davon ablassen, mental in der Vergangenheit zu verweilen, wobei es egal ist, ob etwas am Vortag oder vor 30 Jahren geschehen ist. Wir können lernen, keine Situationen und Ereignisse im Geist lebendig zu erhalten, sondern unsere Aufmerksamkeit lieber auf den ursprünglichen, zeitlosen gegenwärtigen Augenblick zu richten, statt uns in einen mentalen Film verwickeln zu lassen. Anstelle der Gedanken und Emotionen wird dann endlich unsere Präsenz zu unserer Identität.

Aufgrund ihrer Neigung,
alte Emotionen lebendig zu erhalten,
tragen fast alle Menschen in ihrem
Energiefeld eine Ansammlung
von altem emotionalem Schmerz
mit sich herum.

DER VERSTAND IST NUR EIN KLEINER ASPEKT DES BEWUSSTSEINS

Der menschliche Geist hält in seiner Wissbegier und seinem Verlangen nach Verständnis und Kontrolle seine Ansichten und Standpunkte irrtümlich für die Wahrheit. Er sagt: So und nicht anders ist es. Du musst über das Denken hinausgehen, um dir darüber klar zu werden, dass jede Interpretation deines eigenen Lebens oder des Lebens und Verhaltens von jemand anderem und jede Beurteilung einer beliebigen Situation nichts weiter als ein Standpunkt ist, eine von vielen möglichen Betrachtungsweisen. Sie ist nichts weiter als ein Bündel von Gedanken. Die Wirklichkeit ist jedoch ein vereintes Ganzes, in dem alle Dinge miteinander verwoben sind und nichts für sich und aus sich allein existiert.

Wann immer du in
zwanghaftes Denken versunken bist,
verdrängst du das, was ist.
Dann willst du nicht da sein,
wo du bist: HIER UND JETZT.

KRISTALLKLARE WAHRNEHMUNG

Du hast vielleicht noch gar nicht bemerkt, dass es in deinem Leben bereits spontan und ganz von selbst kurze Zeiten »gedankenfreier Bewusstheit« gibt. Unter Umständen bist du, während du gerade einer Tätigkeit nachgehst, durch ein Zimmer schreitest oder auf deinen Abflug wartest, so absolut präsent, dass der normale mentale Druck zu denken abnimmt und durch eine bewusste Gegenwärtigkeit ersetzt wird. Vielleicht betrachtest du auch den Himmel oder hörst jemandem zu, ohne im Geiste einen Kommentar dazu abzugeben. Ungetrübt von Gedanken ist deine Wahrnehmung kristallklar. Für den Geist ist das alles unerheblich, denn er hat »Wichtigeres« zu bedenken. Außerdem prägt es sich nicht ein, und deshalb hast du wahrscheinlich auch übersehen, dass es bereits geschieht. In Wahrheit ist es das Allerwichtigste, was dir *je* widerfahren kann. Es ist der Beginn eines Wechsels vom Denken hin zu bewusster Gegenwärtigkeit.

Alles scheint der ZEIT unterworfen zu sein,
und doch geschieht alles im Jetzt.

VOM EGO ZUM
REINEN BEWUSSTSEIN

Was immer das Ego sucht und woran es sich festmacht, ist ein Ersatz für das Sein, das es nicht spüren kann. Du kannst ruhig Interesse an etwas haben und es wertschätzen, aber wenn du daran festhältst, weißt du, dass das die Stimme des Ego ist. Dabei klammerst du dich gar nicht wirklich an den Gegenstand, sondern nur an den damit verbundenen Gedanken, in dem »ich«, »mein«, »mich« oder »mir« vorkommt.

Wenn du einen Verlust voll und ganz hinnimmst, gehst du über das Ego hinaus, und dann tritt das, was du bist, das Ich-bin, das reines Bewusstsein ist, hervor.

Das SEIN muss gefühlt werden.
Es kann nicht gedacht werden.

DU BIST NICHT VON DER NATUR GETRENNT

Du brauchst die Natur als Lehrerin, weil sie dir hilft, dich wieder mit dem Sein zu verbinden. Aber die Natur braucht dich ebenfalls.

Wir sind samt und sonders Teil des einen Lebens, das sich überall im Universum in zahllosen Formen manifestiert, in Formen, die alle wechselseitig miteinander verbunden sind.

Wenn du die Heiligkeit, die Schönheit, die unglaubliche Stille und Würde erkennst, in der eine Blume oder ein Baum existiert, gibst du der Blume oder dem Baum etwas zurück. Durch deine Erkenntnis, deine Bewusstheit, kommt auch die Natur zur Selbsterkenntnis. Sie erfährt durch dich ihre eigene Schönheit und Heiligkeit!

Ein weiter Raum der Stille

hält die gesamte Natur umfangen.

Er umfängt auch DICH.

VON SELBSTDEFINITION

ABLASSEN

**Wenn du dich von der Über-
zeugung löst**, wissen zu sollen
oder zu müssen, wer du bist,
was geschieht dann mit der Ver-
wirrung? Sie ist wie weggebla-
sen. Wenn du voll und ganz akzeptierst, dass du nichts weißt,
trittst du in einen Zustand des

Friedens und der Klarheit ein,
der dem, was du wirklich bist,
viel näherkommt, als du mit
Denken je kommen könntest.

**Dich selbst über das Denken zu
definieren heißt, dich einzu-
grenzen.**

Jenseits des DENKENS

kommt von allein zum Vorschein,

wer du wirklich bist.

31

MEISTERSCHAFT IM LEBEN

Ob im künstlerischen Schaffen, bei Sport oder Tanz, in Unterricht und Therapie – auf jedem Betätigungsfeld wird erst dann Meisterschaft erreicht, wenn der Verstand nicht mehr eingreift oder zumindest nur eine untergeordnete Rolle spielt. Eine Kraft und Intelligenz, die größer ist als du und die doch im Wesen eins mit dir ist, übernimmt das Ruder.

Es gibt keinen Entscheidungsprozess mehr; spontanes rechtes Handeln setzt ein, und nicht »du« bist es, der aktiv wird.

Das Leben meistern ist das Gegenteil von Kontrolle ausüben. Du schließt dich dabei mit dem höheren Bewusstsein zusammen. Dieses Bewusstsein handelt, spricht und kümmert sich um alles.

Es ist die Stille,
in der Kreativität und Problemlösungen
zu FINDEN sind.

32

ATEMMEDITATION

Werde dir deiner Atmung bewusst. Achte auf die Empfindung des Atmens. Spüre, wie die Luft in deinen Körper einströmt und wieder ausströmt. Achte darauf, wie sich Brust und Bauch beim Einatmen jedes Mal leicht ausdehnen und beim Ausatmen wieder leicht zusammenziehen. Ein bewusster Atemzug genügt, um dort Raum zu schaffen, wo vorher die Gedanken einander in ununterbrochener Folge jagten.

Viele Male am Tag einen bewussten Atemzug zu machen ist ein ausgezeichnetes Mittel, um Raum ins Leben zu bringen.

Dir deines ATEMS bewusst zu sein,
zwingt dich in den gegenwärtigen Augenblick.

33

SICH ZIELE STECKEN

Stecke dir Ziele, aber mach dir klar, dass es unwichtig ist, ob du sie erreichst oder nicht. Wenn dein Tun dem Zustand der Gegenwärtigkeit entspricht, dann bedeutet es, dass du den jetzigen Augenblick nicht zu einem Mittel zum Zweck machst.

Das Tun selbst wird so in jedem Augenblick befriedigend.

Durch das egozentrische Bewusstsein wird das Jetzt immer zu einem Mittel zum Zweck reduziert.

Das egozentrische Selbst
ist immer auf der SUCHE.
Das erklärt die zwanghafte Beschäftigung
des Ego mit der Zukunft.

34

ÜBER GRENZEN HINAUSGEHEN

Manche Grenzen können in der Außenwelt überwunden werden. Einige Grenzen erlegt uns mitunter das Leben auf, und dann müssen wir lernen, uns damit abzufinden. Sie können nur innerlich überwunden werden. Jeder wird früher oder später daran stoßen. Entweder reduzieren diese Grenzen dich auf Egoreaktionen und machen dich sehr unglücklich, oder du erhebst dich innerlich über sie durch kompromisslose Unterwerfung unter das, was ist. Das ist es, was sie uns lehren sollen. Das bewusste Sichausliefern eröffnet dir die vertikale Dimension im Leben, die Dimension der Tiefe. Dann tritt aus dieser Dimension etwas in die Welt ein, etwas von unschätzbarem Wert, das andernfalls unmanifestiert geblieben wäre. Manche Menschen, die sich in ihre engen Grenzen gefügt haben, sind Heiler oder spirituelle Lehrer geworden. Andere sind selbstlos dafür tätig, menschliches Leid zu lindern, oder machen der Welt mit ihrer Kreativität ein Geschenk.

Wenn du gegenwärtig bist
und deine Aufmerksamkeit
voll und ganz im Jetzt ruht,
fließt **DEINE PRÄSENZ** in das ein,
was du tust, und verwandelt es.

35

DAS LICHT DES BEWUSSTSEINS

Solange du den Körper nicht mit dem verwechselst, was du wirklich bist, wird dein Selbstwert oder Identitätsgefühl in keiner Weise leiden, wenn seine Schönheit vergeht, seine Kraft schwindet und er hinfällig wird. Im Grunde kann die formlose Dimension, das Licht des Bewusstseins, leichter durchscheinen, wenn der Körper schwächer wird und die Form dahinschwindet.

Die letzte Wahrheit dessen,
wer wir sind, lautet nicht:
»Ich bin dies« oder:
»Ich bin das«, sondern:
»ICH BIN«.

36

EINE HÖHERE INTELLIGENZ

Es gibt Situationen, in denen alle Lösungs- und Erklärungsversuche fehlschlagen. Das Leben hat keinen Sinn mehr. Oder es kommt jemand mit seinem Kummer zu dir, und du weißt nicht, was du sagen oder tun könntest.

Wenn du voll und ganz akzeptierst, dass du es nicht weißt, gibst du es auf, mit dem begrenzten Verstand nach Antworten zu suchen, und dann geschieht es, dass eine höhere Vernunft durch dich wirksam werden kann.

Manchmal bedeutet Aufgeben,
sich mit dem NICHTWISSEN anzufreunden.

UNKONDITIONIERTES
BEWUSSTSEIN

In dir ist wie in jedem Menschen eine Bewusstseinsdimension, die viel tiefer reicht als das Denken. Das ist die eigentliche Essenz dessen, der du bist. Man könnte es Präsenz, Gewahrsein oder unkonditioniertes Bewusstsein nennen. Liebe, Freude, gesteigerte Kreativität und anhaltender innerer Frieden können nur durch diese Dimension des unkonditionierten Bewusstseins in dein Leben einfließen. Wenn du die Gedanken, die dir durch den Kopf gehen, auch nur gelegentlich als bloße Gedanken erkennen kannst, wenn du Beobachter deiner eigenen mental-emotionalen Verhaltensmuster sein kannst, so wie sie auftreten, eröffnet sich dir diese Dimension bereits als das Gewahrsein, in dem Gedanken und Emotionen aufsteigen – als zeitloser innerer Raum, in dem sich dein Lebensinhalt entfaltet.

Nimm deine GEDANKEN
nicht so ernst.

38 SICH DEN GEGENWÄRTIGEN AUGENBLICK ZUM FREUND MACHEN

Stelle dir möglichst oft die folgende lebenswichtige Frage: Wie ist meine Beziehung zum gegenwärtigen Augenblick? Und dann suche wachsam nach einer Antwort. Ist für mich das Jetzt nichts weiter als ein Mittel zum Zweck? Sehe ich darin ein Hindernis? Mache ich es mir zum Feind? Da der gegenwärtige Augenblick alles ist, was dir je zur Verfügung steht, und das Leben untrennbar vom Jetzt ist, lautet die Frage im Grunde:

Welche Beziehung habe ich zum Leben?

Diese Frage eignet sich ausgezeichnet dazu, das Ego in uns zu entlarven und uns in den Zustand der Präsenz zu versetzen.

Wenn du bemerkst,
dass deine Beziehung
zum Jetzt gestört ist, bist du
GEGENWÄRTIG.

DAS EGO IST NICHT FALSCH – ES IST UNBEWUSST

Sobald du das Ego in dir selbst bemerkst, beginnst du, darüber hinauszugehen. Nimm das Ego nicht zu ernst. Wenn du dich dabei ertappst, dass dein Verhalten vom Ego bestimmt ist, dann lächle.

Bisweilen wirst du sogar lachen müssen. Wie konnte die Menschheit so lange auf so etwas hereinfallen? Vor allem eins musst du dir klarmachen:

Das Ego ist nichts Persönliches. Es ist nicht du. Wenn du das Ego für dein persönliches Problem hältst, verdankst du das auch wieder dem Ego.

Der größte Feind des Ego
ist natürlich der gegenwärtige Augenblick,
also das LEBEN selbst.

40

GEFÜHLE VON ÜBERLEGENHEIT, UNTERLEGENHEIT ODER NEID

Kannst du herausfinden, ob du im Umgang mit anderen Menschen gewisse Gefühle von Überlegenheit oder Unterlegenheit hast? In diesen Gefühlen siehst du das Ego, denn es lebt vom Vergleich. Neidgefühle werden ebenfalls durch das Ego erzeugt, das sich benachteiligt fühlt, wenn anderen etwas Gutes widerfährt oder jemand anders mehr hat, mehr weiß oder mehr erreicht als du selbst. Die Identität des Ego beruht auf dem Vergleich und erhält sich durch *mehr* am Leben. Es greift nach allem und jedem. Wenn alles andere versagt, lässt sich das fiktive Selbstgefühl auch dadurch stärken, dass man sich ungerechter vom Leben behandelt fühlt oder mit mehr Krankheiten geschlagen zu sein glaubt als andere. Aus welchen Geschichten, welchen Fiktionen beziehst du dein Selbstgefühl?

Dein Unglücklichsein ist letztlich
keine Frage der Lebensumstände,
sondern der GEISTIGEN Konditionierung.

41

WAS STÖRT DICH BEI

ANDEREN AM MEISTEN?

Die Egomuster, auf die du bei anderen am stärksten reagierst und die du als deren Identität wahrnimmst, sind die gleichen Muster, die auch in dir sind, nur dass du unfähig oder unwillens bist, sie in dir selbst aufzuspüren. Was stört und ärgert dich denn bei anderen am meisten? Ihre Selbstsucht? Ihre Gier? Ihr Hunger nach Macht und Kontrolle? Ihre Unaufrichtigkeit und Unehrlichkeit, ihr Hang zur Gewalt, oder was sonst? Alles, was du anderen übel nimmst und worauf du heftig reagierst, ist auch in dir. Aber es ist nichts weiter als eine Form des Ego und als solche völlig unpersönlich. Es hat weder etwas mit der betreffenden Person zu tun noch mit dem, was du bist. Nur wenn du es mit dem verwechselst, was du bist, kann die Beobachtung, dass es auch in dir ist, eine Bedrohung für dein Selbstgefühl sein.

Jedes Ego ist ein Meister
selektiver WAHRNEHMUNG
und verzerrter Interpretation.

42

WISSEN UND WEISHEIT

Brauchst du mehr Wissen? Werden mehr Informationen, schnellere Computer oder weitere wissenschaftliche und intellektuelle Analysen die Welt retten? Ist es nicht Weisheit, was die Menschheit in dieser Zeit am dringendsten braucht? Aber was ist Weisheit, und wo ist sie zu finden?

Weisheit stellt sich mit der Fähigkeit ein, still zu sein. Schaue und höre einfach. Mehr ist nicht nötig. Still zu sein, zu schauen und zu hören aktiviert die intuitive Intelligenz in dir.

Lass dich in Wort und Tat von Stille leiten.

Letzten Endes geschieht nichts,
was nicht geschehen soll, das heißt,
es geschieht nichts,
das nicht Teil des größeren GANZEN
und seines Ziels wäre.

43

DAS JETZT – DER EINZIGE ORT, AN DEM ES LEBEN GIBT

Im Grunde übernimmst du erst dann die Verantwortung für dein Leben, wenn du die Verantwortung für *diesen Augenblick* trägst – jetzt. Die Verantwortung für diesen Augenblick zu übernehmen heißt, sich innerlich nicht dem Sosein des Jetzt zu widersetzen und nicht mit dem zu hadern, was *ist*. Es bedeutet, mit dem Leben eins zu sein. Das Jetzt ist so, wie es ist, weil es nicht anders sein kann. Was die Buddhisten schon immer gewusst haben, bestätigt heute die Physik: Weder Dinge noch Ereignisse existieren isoliert voneinander. Hinter der äußeren Erscheinung sind alle Dinge miteinander vernetzt, ist alles Teil der Totalität des Kosmos, der die Form hervorbringt, die dieser Augenblick annimmt. Wenn du das, was ist, bejahst, verbindest du dich mit der Kraft und Intelligenz des Lebens selbst. Nur dann kannst du an der positiven Veränderung der Welt mitwirken.

Der gegenwärtige AUGENBLICK ist, wie er ist.
Immer. Kannst du ihn zulassen?

44

WAS UNSER
ENERGIEFELD AUSSTRAHLT

Egal, was du sagst oder tust oder welches Gesicht du der Welt zeigst, dein mental-emotionaler Zustand bleibt nicht verborgen. Jeder Mensch strahlt ein Energiefeld aus, das seiner inneren Verfassung entspricht und das die meisten Menschen spüren können, wenn auch vielleicht nur unterbewusst. Das heißt, sie wissen nicht, dass sie es spüren, doch es bestimmt in hohem Maße, welche Gefühle und Reaktionen die betreffende Person bei ihnen auslöst. Manche Leute sind sich seiner jedoch gleich bei der ersten Begegnung mit jemandem vollkommen bewusst, noch bevor Worte gewechselt wurden. Wenig später bestimmen dann allerdings Worte die Beziehung, und den Worten folgen die Rollen, die die meisten Menschen spielen. Jetzt richtet sich das Augenmerk aufs Denken, und sogleich nimmt die Fähigkeit, das Energiefeld des anderen zu spüren, stark ab. Unbewusst wird es aber trotzdem noch empfunden.

Im großen Weltenplan ist vorgesehen,
dass sich die Menschen zu
bewussten WESEN entwickeln.

45

WENN DIR EINE SITUATION WIDERSTREBT

Das Leiden beginnt damit, dass eine Situation in irgendeiner Weise mental als unerwünscht oder schlecht bezeichnet und bewertet wird. Bezeichnen und Bewerten sind Gewohnheiten, und mit diesen Gewohnheiten kannst du brechen. Fang damit an, dass du dich bei Kleinigkeiten darin übst, nicht zu bewerten. Wenn du das Flugzeug verpasst, eine Tasse fallen lässt oder wenn du ausrutschst, kannst du es dir dann versagen, das Erlebnis als schlecht oder schmerzhaft einzustufen? Kannst du sofort das Sosein des betreffenden Augenblicks akzeptieren? Etwas als schlecht zu bezeichnen verursacht eine emotionale Verhärtung in dir. Wenn du es einfach so sein lässt, ohne es zu benennen, steht dir plötzlich eine gewaltige Kraft zur Verfügung. Die Verhärtung hingegen versperrt dir den Zugang zu dieser Kraft, der Lebenskraft selbst.

Unglück und Probleme haben im JETZT

keine Überlebenschance.

46

DAS EWIGE
IN DIR

Wie kurzlebig doch jede menschliche Erfahrung ist und wie vergänglich das gesamte Leben! Gibt es etwas, das nicht Leben und Tod unterworfen ist, irgendetwas, das ewig währt? Bedenke einmal Folgendes: Wenn es nur eine Farbe gäbe, zum Beispiel Blau, und die ganze Welt samt allem, was darin ist, wäre blau, dann gäbe es kein Blau. Es müsste noch etwas da sein, das nicht blau ist, damit das Blau erkannt werden könnte; sonst würde es nicht »hervorstechen« und infolgedessen auch nicht existieren. Muss nicht auch etwas da sein, das nicht flüchtig und vergänglich ist, damit die Vergänglichkeit aller Dinge eingesehen werden kann? Mit anderen Worten: Wenn alles, einschließlich deiner selbst, vergänglich wäre, wüsstest du es überhaupt? Bedeutet nicht die Tatsache, dass du die Kurzlebigkeit aller Erscheinungsformen einschließlich deiner eigenen beobachten und bewusst miterleben kannst, dass es etwas in dir gibt, das nicht dem Verfall preisgegeben ist?

Der EINZIGE ORT,
wo du zu dir selbst finden kannst,
ist das Jetzt.

WAS ENTSCHEIDEND IST

Viele Dinge im Leben spielen eine Rolle für dich, aber nur eines ist absolut entscheidend. Es spielt eine Rolle für dich, ob du in den Augen der Welt erfolgreich bist oder versagst. Es spielt eine Rolle, ob du gesund bist oder nicht, ob du gebildet oder ungebildet bist. Es spielt eine Rolle, ob du arm oder reich bist. Ja, alle diese Dinge spielen eine relativ wichtige Rolle für dich, aber sie sind nicht absolut entscheidend. Es gibt etwas, das vor allem anderen entscheidend ist: die Essenz dessen zu finden, was du jenseits deiner kurzlebigen Erscheinung, jenseits dieses kurzlebigen personifizierten Selbstgefühls bist. Frieden findest du nicht, wenn du deine Lebensumstände neu ordnest, sondern indem du dir bewusst wirst, wer du im tiefsten Innern bist.

Das Jetzt ist untrennbar von dem,
was du im TIEFSTEN INNERN bist.

48

DER ZUSTAND INNERER
WIDERSTANDLOSIGKEIT

Wenn du diesen Augenblick voll und ganz annimmst und dich dem, was ist, nicht länger widersetzt, lässt der Zwang zum Denken nach und weicht einer wachsamen Stille. Du bist voll bewusst, obwohl du diesen Augenblick in keiner Weise mental etikettierst. Dieser Zustand innerer Widerstandslosigkeit öffnet dich dem unkonditionierten Bewusstsein, das unendlich viel größer ist als der menschliche Geist. Diese umfassende Intelligenz kann sich dann durch dich ausdrücken und dich innerlich wie äußerlich unterstützen.

Darum verändern sich die Umstände oft merklich zum Besseren, wenn du deinen inneren Widerstand aufgibst.

Lass diesen AUGENBLICK

in seinem Sosein zu.

SCHULDGEFÜHLE

Quälen dich Schuldgefühle, weil du in der Vergangenheit einmal etwas getan – oder unterlassen – hast? So viel ist gewiss: Du hast zu jenem Zeitpunkt deinem Bewusstseinsgrad oder, genauer gesagt, deinem Grad an Unbewusstheit gemäß gehandelt. Wärst du aufmerksamer oder bewusster gewesen, hättest du dich anders verhalten. Schuldgefühle sind gleichfalls ein Versuch des Ego, sich eine Identität zu schaffen, ein Selbstgefühl. Für das Ego spielt es keine Rolle, ob das Selbst positiv oder negativ ist. Was du getan oder unterlassen hast, war eine Manifestation der menschlichen Unbewusstheit. Das Ego nimmt es jedoch persönlich und sagt: »Ich habe das getan«, und schon hast du von dir die Vorstellung, ein »schlechter« Mensch zu sein.

Das **JESUSWORT** »Vergib ihnen,
denn sie wissen nicht, was sie tun«
gilt auch für dich.

GEMEINSAM STILL SEIN

Keine Beziehung gedeiht, wenn ihr der weite Raum fehlt, den Stille eröffnet. Seid gemeinsam still oder meditiert zusammen in der Natur. Macht es euch zu einer lieben Gewohnheit, still beisammen zu sein, wenn ihr spazieren geht, Auto fahrt oder zu Hause seid. Stille kann nicht und braucht nicht hergestellt werden. Seid einfach empfänglich für die Stille, die bereits da ist, aber für gewöhnlich vom mentalen Lärm überlagert wird. Wenn die weite Stille fehlt, wird die Beziehung vom Denken dominiert und kann leicht von Problemen und Konflikten erschüttert werden. Sobald Stille da ist, hat alles Raum.

Zwischenmenschliche Beziehungen können die Hölle sein.
Oder eine wunderbare SPIRITUELLE ÜBUNG.

EINE HÖHERE ORDNUNG

Hinter der scheinbaren Zufälligkeit oder gar chaotischen Aufeinanderfolge von Ereignissen im Leben wie in der Welt verbirgt sich die Entfaltung einer höheren Ordnung und eines tieferen Sinns. Dies bringt ein Zen-Wort wunderschön zum Ausdruck: »Der Schnee fällt, jede Flocke an ihren Platz.« Diese höhere Ordnung können wir nicht begreifen, wenn wir über sie nachdenken, denn alles, worüber wir nachdenken, ist Inhalt, während die höhere Ordnung dem formlosen Reich des Bewusstseins, der universellen Intelligenz entspringt. Aber wir können einen flüchtigen Blick darauf erhaschen oder, mehr noch, uns danach ausrichten und so bewusst an der Entfaltung der höheren Ordnung teilnehmen.

Die Stille bringt
den Segen mit sich:
FRIEDEN.

INNERES UND ÄUSSERES ZIEL DES LEBENS

Das innere Ziel unseres Lebens besteht darin zu erwachen. So einfach ist das. Dieses Ziel haben wir mit allen anderen Menschen auf dieser Erde gemeinsam – es ist Sinn und Zweck der ganzen Menschheit. Das innere Ziel unseres Lebens ist essenzieller Bestandteil des Ziels, das das Ganze hat – das Universum und seine sich entfaltende Intelligenz. Die äußere Zielsetzung kann sich im Lauf der Zeit verändern. Sie ist von Mensch zu Mensch sehr verschieden. Aber ein inneres Ziel zu haben und sich nach ihm zu richten ist der Grundstein zur Verwirklichung des äußeren Ziels. Es ist die Grundlage wahren Erfolgs. Ohne diese Ausrichtung können wir zwar ebenfalls manche Ziele erreichen. Ein solches Vorgehen macht jedoch keine Freude und führt unweigerlich zu Leid in irgendeiner Form.

Nicht deine Ziele oder Handlungen
sind entscheidend, sondern das BEWUSSTSEIN,
dem sie entspringen.

Inhalt

Die englischen Originalausgaben erschienen 2003 unter dem Titel »Stillness Speaks« und 2005 unter dem Titel »A New Earth« bei Namasté Publishing Inc., Vancouver, Kanada.

Die Texte des vorliegenden Werkes sind Eckhart Tolles im Arkana Verlag veröffentlichten Büchern »Eine neue Erde – Bewusstseinssprung anstelle von Selbstzerstörung«, erschienen 2005, und »Stille spricht – wahres Sein berühren«, erschienen 2003, entnommen.

MIX
Papier aus verantwortungsvollen Quellen
FSC® C017997

Verlagsgruppe Random House FSC® N001967

1. Auflage
Sonderausgabe
© 2019 Arkana, München
in der Verlagsgruppe Random House GmbH
Neumarkter Straße 28, 81673 München
© 2005 und 2003 Eckhart Tolle
© der deutschsprachigen Erstausgabe 2003 und 2005 Arkana
Lektorat: Daniela Weise
Bildredaktion: Irmi Fezer und Anka Hartenstein
Layout: Daniela Hofner
Satz: Satzwerk Huber, Germering
Umschlaggestaltung: Daniela Hofner
Druck und Bindung: Anpac
Printed in China
978-3-442-34256-3
www.arkana-verlag.de

 MOMENTS of Happiness  Litlounge.tv  SINN SUCHER